Obras do autor publicadas pela Editora Record

Como sair do labirinto

O gerente-minuto com Kenneth Blanchard

Liderança e o gerente-minuto com Kenneth Blanchard

O vendedor-minuto com Larry Wilson

O professor-minuto com Constance Johnson

A mãe-minuto

O pai-minuto

Um minuto para mim

O presente precioso

O presente

Quem mexeu no meu queijo?

Quem mexeu no meu queijo? Para crianças

Quem mexeu no meu queijo? Para jovens

Sim ou não

O vendedor-minuto

SPENCER JOHNSON, M.D.

QUEM MEXEU NO MEU QUEIJO?

tradução de
MARIA CLARA DE BIASE

146ª edição

EDITORA RECORD
RIO DE JANEIRO • SÃO PAULO
2025

CIP-BRASIL. CATALOGAÇÃO NA PUBLICAÇÃO
SINDICATO NACIONAL DOS EDITORES DE LIVROS, RJ

Spencer Johnson, 1939-2017

J65q Quem mexeu no meu queijo? / Spencer Johnson; tradução de
146ª ed. Maria Clara de Biase. – 146ª ed. – Rio de Janeiro: Record, 2025.

Tradução de: Who Moved My Cheese?
ISBN 978-85-0111206-4

1. Mudança (Psicologia). I. Biase, Maria Clara de. II. Título.

CDD: 155.24

17-44604 CDU: 159.923

Título em inglês:
Who Moved My Cheese?

Copyright © 1998 by Spencer Johnson, M.D.

Publicado mediante acordo com G. P. Putnam's Sons, uma subdvisão da Penguin Putnam Inc.

Texto revisado segundo o novo Acordo Ortográfico da Língua Portuguesa.

Todos os direitos reservados. Proibida a reprodução, no todo ou em parte, através de quaisquer meios. Os direitos morais do autor foram assegurados.

Direitos exclusivos de publicação em língua portuguesa somente para o Brasil adquiridos pela
EDITORA RECORD LTDA.
Rua Argentina, 171 – Rio de Janeiro, RJ – 20921-380 – Tel.: (21) 2585-2000, que se reserva a propriedade literária desta tradução.

Impresso no Brasil

ISBN 978-85-0111206-4

Seja um leitor preferencial Record.
Cadastre-se no site www.record.com.br e receba
informações sobre nossos lançamentos e nossas promoções.

Atendimento e venda direta ao leitor:
sac@record.com.br

Este livro é dedicado ao meu amigo Dr. Kenneth Blanchard, cujo entusiasmo me incentivou a escrevê-lo e cuja ajuda o levou a tantas pessoas.

*Os melhores planos
de ratos e homens
muitas vezes dão errado.*

Robert Burns
1759-1796

*"A vida não é um corredor reto e tranquilo que
nós percorremos livres e desimpedidos,
mas um labirinto de passagens
pelas quais devemos procurar nosso
caminho, perdidos e confusos, de vez em quando
presos em um beco sem saída.*

*Porém, se tivermos fé,
uma porta sempre será aberta para nós,
talvez não uma na qual
nós mesmos pensaríamos,
mas uma que acabará se revelando
boa para nós."*

A. J. Cronin

Sumário

Partes de todos nós   11
A história por trás da história
por Kenneth Blanchard, Ph.D.   13

Uma reunião: Chicago   21

A história de Quem mexeu no meu Queijo   25
Quatro personagens
    Encontrando o queijo
    Não há queijo!
    Os ratos: Sniff & Scurry
    As pessoinhas: Hem & Haw
    Nesse meio-tempo, de volta ao labirinto
    Vencendo o medo
    Sentindo o gosto da aventura
    Saindo do lugar com o queijo
    O texto escrito na parede
    Saboreando um novo queijo
    Gostando da mudança!

Um debate: Mais tarde, naquele mesmo dia   83
Sobre o autor   103

PARTES DE TODOS NÓS

As simples e as complexas

Os quatro personagens imaginários
retratados nesta história —
os ratos Sniff e Scurry, e
as pessoinhas Hem e Haw —
foram criados para representar as partes simples e
complexas de nós mesmos, independentemente
de idade, gênero, raça ou nacionalidade.

Às vezes podemos agir como
Sniff
Que percebe a mudança cedo, ou como
Scurry
Que entra logo em atividade, ou como
Hem
Que rejeita a mudança, resistindo a ela,
pois teme que isso leve a algo pior, ou como
Haw
Que aprende a se adaptar a tempo,
quando percebe que a mudança leva
a alguma coisa *melhor*!

Quaisquer que sejam as partes de nós que
resolvamos utilizar, todos temos algo
em comum: a necessidade de encontrar
nosso caminho no labirinto e ter sucesso
em períodos de mudanças.

A história por trás da história
por Kenneth Blanchard, Ph.D.

Fico emocionado em contar para você "a história por trás da história" de *Quem mexeu no meu Queijo?*, porque significa que o livro foi escrito, pode ser lido ınúmeras vezes e compartilhado com várias pessoas.

Isso é algo que eu sempre quis que acontecesse desde que ouvi Spencer Johnson contar sua ótima história do "Queijo" pela primeira vez, há alguns anos, antes de escrevermos juntos *O gerente-minuto*.

Lembro-me de que, naquela época, achei a história muito boa e soube que me seria muito útil dali em diante.

Quem mexeu no meu Queijo? é uma história de mudança, que se passa em um labirinto, onde quatro personagens divertidos procuram pelo "Queijo" — o queijo sendo uma metáfora para o que queremos ter na vida: seja um emprego, um relacionamento, dinheiro, uma casa grande, liberdade, saúde, reconhecimento, paz espiritual ou até mesmo realizar uma atividade física como corrida ou golfe.

Cada um de nós tem a própria ideia do que é o Queijo, e corremos atrás dele porque acreditamos que irá nos fazer felizes. Se o obtemos, frequentemente nos apegamos a ele. E se o perdemos, ou se ele nos é tirado isso pode ser traumático.

O "labirinto" da história representa o lugar no qual você passa o tempo procurando o que quer. Pode ser a empresa na qual trabalha, a comunidade em que vive ou os relacionamentos que tem na vida.

Eu conto a história do Queijo, que você está prestes a ler, em minhas palestras ao redor do mundo, e depois as pessoas me dizem que diferença isso fez para elas.

Acredite ou não, esta breve história tem salvado carreiras, casamentos e vidas!

Um dos muitos exemplos vem de Charlie Jones, um respeitado locutor esportivo da NBC, que revelou que ter ouvido a história de *Quem mexeu no meu Queijo?* salvou sua carreira. O emprego dele é singular, mas os princípios que ele aprendeu podem ser usados por qualquer pessoa.

Eis o que aconteceu: Charlie se esforçou muito e fez um ótimo trabalho durante as competições de atletismo numa edição prévia dos Jogos Olímpicos. Por isso ficou surpreso e chateado quando seu chefe lhe disse que ele não cobriria mais o atletismo nas Olimpíadas seguintes, e sim natação e saltos ornamentais.

Sem conhecer bem tais esportes, ele se sentiu frustrado e desvalorizado, o que o deixou furioso. Aquilo não era justo! Sua raiva começou a afetar tudo o que fazia.

Então, ele ouviu a história de *Quem mexeu no meu Queijo?*.

Depois de ouvi-la, disse que achou graça de si mesmo e mudou de atitude. Ele se deu conta de que seu chefe apenas "tinha mexido no seu Queijo". Por isso se adaptou, resolveu aprender tudo sobre os dois esportes e, durante esse processo, descobriu que fazer algo novo o levava a se sentir jovem.

Não demorou muito para que seu chefe reconhecesse sua nova atitude e energia, e ele logo recebeu as melhores incumbências. Charlie obteve mais sucesso do que nunca e acabou sendo agraciado com o prêmio Pete Rozelle, concedido pelo Pro Football Hall of Fame, "por suas contribuições excepcionais no rádio e na televisão para o futebol profissional".

Esse é apenas um dos muitos relatos que ouvi sobre o impacto que essa história teve na vida das pessoas — de suas vidas pessoais até suas vidas amorosas.

Eu acredito tanto no poder de *Quem mexeu no meu Queijo?*,que dei um exemplar para cada um dos nossos funcionários (mais de duzentas pessoas). Por quê?

Porque, assim como toda empresa que almeja não apenas sobreviver mas também permanecer competitiva, a nossa está em constante mudança. Vivem mexendo no nosso "Queijo". Embora no passado nós tenhamos privilegiado a busca por colaboradores leais, hoje precisamos de pessoas flexíveis, que não sejam irredutíveis sobre "como as coisas funcionam por aqui".

E, no entanto, como você bem sabe, viver em turbulência ininterrupta, com mudanças acontecendo o tempo todo no trabalho ou na vida pessoal, pode ser estressante, a menos que as pessoas possuam uma forma de encarar a mudança que as ajude a compreendê-la. É aí que entra a história do *Queijo*.

Quando eu contei para os funcionários sobre a história e eles tiveram a chance de ler *Quem mexeu no meu Queijo?*, a redução gradual da energia negativa foi visível. Uma pessoa após outra, de todos os departamentos, vinha até mim para me agradecer pelo livro e para me contar como ele as tinha ajudado a enxergar sob uma nova perspectiva as mudanças que aconteciam na nossa empresa. Acredite: a leitura desta breve parábola toma pouco tempo, mas seu impacto é profundo.

À medida que você for virando as páginas deste livro, encontrará três partes. Na primeira, "Uma reunião", antigos colegas de turma falam, durante um encontro de ex-alunos, sobre a tentativa de lidar com as mudanças que estão ocorrendo em suas vidas. A segunda é "A história de *Quem mexeu no meu Queijo?*", a parte principal do livro.

Nela, você verá que os dois ratos se saem melhor quando se deparam com mudanças porque lidam com as coisas de forma simples, enquanto as mentes complexas e as emoções humanas das duas pessoinhas complicam tudo. Não é que os ratos sejam mais espertos. Todos sabemos que pessoas são mais inteligentes que ratos.

Entretanto, conforme você observa o que os quatro personagens fazem e se dá conta de que tanto os ratos quanto as pessoinhas representam partes de nós mesmos — as simples e as complexas —, consegue compreender que seria vantajoso, para nós, fazer coisas simples que funcionam quando há uma mudança.

E, na terceira, "Um debate", várias pessoas discutem o que absorveram de "A história" e como planejam usar esse conhecimento em seu trabalho e em suas vidas.

Alguns leitores do primeiro rascunho do livro preferiram parar ao fim de "A história de *Quem mexeu no meu Queijo?*", e interpretar seu significado sozinhos. Outros ficaram felizes em ler "Um debate", pois isso estimulou seus pensamentos a respeito de como poderiam aplicar o que haviam aprendido em suas próprias situações.

Seja como for, espero que, toda vez que reler *Quem mexeu no meu Queijo?*, você sempre encontre, como eu, algo novo e útil no livro, e que isso o ajude a lidar com as mudanças e ser bem-sucedido, independentemente do que sucesso represente para você.

Espero que goste do que vai descobrir e desejo tudo de bom para você. Lembre-se: saia do lugar com o Queijo!

Ken Blanchard
San Diego, Califórnia

QUEM MEXEU NO MEU QUEIJO?

Uma reunião:
Chicago

Num domingo ensolarado em Chicago, vários ex-colegas de turma, todos bons amigos na época da escola, foram almoçar juntos, depois de terem comparecido ao encontro anual de ex-alunos do ensino médio na noite anterior. Eles queriam ouvir mais sobre o que estava acontecendo na vida uns dos outros. Depois de um bate-papo divertido e de uma bela refeição, eles se engajaram numa conversa interessante.

Angela, uma das pessoas mais populares da turma, disse:

— A vida acabou sendo diferente do que achei que seria quando estávamos na escola. Muita coisa mudou.

— Mudou mesmo — concordou Nathan. Seus amigos sabiam que ele tinha se dedicado aos negócios da família, que continuou operando da mesma forma, e que ele fazia parte da comunidade local desde sempre. Por isso, ficaram surpresos quando pareceu preocupado.

Ele perguntou: — Vocês perceberam como resistimos quando as coisas mudam?

— Acho que isso acontece porque temos medo de mudanças — comentou Carlos.

— Carlos, você foi capitão do time de futebol — disse Jessica. — Nunca achei que ouviria você falar em medo!

Todos riram quando notaram que, embora tivessem seguido rumos diferentes — de trabalhar em casa a administrar empresas —, viviam sentimentos parecidos.

Todos tentavam lidar com as mudanças inesperadas com que haviam se deparado nos últimos anos. E a maioria admitia que não sabia bem como lidar com elas.

— Eu costumava ter medo de mudar — disse Michael. — Quando uma grande mudança aconteceu em nosso negócio, não soubemos o que fazer. Por isso, não nos adaptamos, e quase perdemos tudo. Até que ouvi uma história que transformou tudo.

— Como assim? — perguntou Nathan.

— Bem, a história me fez ver as mudanças de um jeito diferente: de perda para ganho. E me mostrou como proceder. Depois disso, as coisas logo melhoraram, tanto no trabalho quanto na minha vida pessoal.

"Num primeiro momento, fiquei incomodado com a simplicidade óbvia da história porque soava como algo que poderia ter sido aprendido na escola.

"Em seguida, percebi que, na verdade, estava incomodado comigo mesmo por não enxergar o óbvio e não fazer o que é certo quando as coisas mudam.

"Quando compreendi que os quatro personagens da história representavam as várias partes de mim mesmo, decidi qual deles eu queria ser e mudei.

"Então, contei a história para algumas pessoas em nossa empresa, e elas a contaram para outras, e logo nosso negócio começou a melhorar, porque a maioria de nós passou a se adaptar melhor às mudanças. E, como eu, muitas pessoas disseram que essa história as ajudou em sua vida pessoal.

"Contudo, algumas pessoas afirmaram não ter aprendido nada de novo com a história. Ou já conheciam os ensinamentos contidos nela e já os estavam vivenciando, ou, o que era mais comum, achavam que já sabiam tudo e não queriam aprender. Não conseguiam ver por que tantas pessoas estavam se beneficiando daquilo.

"Quando um de nossos executivos seniores, que estava tendo dificuldade de se adaptar, disse que a história era perda de tempo, outras pessoas zombaram dele falando que sabiam qual personagem ele era na história: aquele que não aprendia nada e não mudava."

— Que história é essa? — perguntou Angela.

— Ela se chama *Quem mexeu no meu Queijo?*.

O grupo riu.

— Já gostei — disse Carlos. — Você poderia contá-la para *nós*? Talvez *nós* possamos tirar alguma coisa dela.

— Claro — respondeu Michael. — Seria um prazer. E ela não é muito longa.

E, então, ele começou:

A história de Quem mexeu no meu Queijo?

Era uma vez, numa terra muito distante, quatro pequenos personagens que corriam por um labirinto à procura do queijo que os alimentaria e os faria felizes.

Dois eram ratos, chamados Sniff e Scurry, e dois eram pessoinhas — seres tão pequenos quanto ratos, mas cujas aparência e atitude se pareciam muito com as das pessoas de hoje. Seus nomes eram Hem e Haw.

Por causa de seu tamanho diminuto, seria fácil não notar o que os quatro estavam fazendo. Mas, olhando bem de pertinho, era possível descobrir as coisas mais surpreendentes!

Todos os dias os ratos e as pessoinhas passavam o tempo no labirinto procurando seu próprio queijo especial.

Os ratos, Sniff e Scurry, que tinham cérebros simples de roedores mas instintos aguçados, procuravam o queijo duro de roer de que tanto gostavam, como os ratos costumam fazer.

As duas pessoinhas, Hem e Haw, usavam seus cérebros cheios de muitas convicções e emoções para procurar um tipo muito diferente de Queijo — com Q maiúsculo —, que achavam que os tornaria felizes e bem-sucedidos.

Por mais diferentes que os ratos e as pessoinhas fossem, eles tinham algo em comum: todas as manhãs botavam roupas e tênis de corrida, saíam de suas pequenas casas e disparavam para o labirinto à procura de seu queijo favorito.

O labirinto era um emaranhado de corredores e compartimentos, alguns contendo queijos deliciosos. Mas também havia cantos escuros e becos sem saída. Era fácil se perder ali dentro.

Contudo, para aqueles que encontravam o caminho certo, o labirinto guardava segredos que lhes permitiam desfrutar de uma vida melhor.

Os ratos, Sniff e Scurry, usavam o método simples de tentativa e erro para encontrar queijo. Corriam por um corredor e, se estivesse vazio, eles se viravam e corriam por outro. Eles se lembravam dos corredores que não tinham queijo e rapidamente seguiam para novas áreas.

Sniff farejava com seu grande focinho a direção na qual o queijo parecia estar, e Scurry corria na frente. Como seria de esperar, eles se perdiam, iam para o lado errado e frequentemente davam com a cara nas paredes. Mas, depois de um tempo, achavam o caminho certo.

Assim como os ratos, as duas pessoinhas, Hem e Haw, também utilizavam suas habilidades de pensar e aprender com a experiência. Entretanto, confiavam em seus cérebros complexos para desenvolver métodos mais sofisticados de encontrar Queijo.

Algumas vezes eram bem-sucedidos, mas, em outras, suas fortes convicções e emoções humanas assumiam o comando e anuviavam a forma como eles olhavam para as coisas. Isso tornava a vida no labirinto mais difícil e desafiadora.

Mesmo assim, todos, Sniff, Scurry, Hem e Haw, descobriram, de seu próprio jeito, o que estavam procurando. Um dia, cada um encontrou seu tipo de queijo no fim de um dos corredores, na Estação de Queijo Q.

Depois disso, todas as manhãs, os ratos e as pessoinhas vestiam suas roupas de corrida e se dirigiam à Estação de Queijo Q. Não demorou muito para que cada um estabelecesse a própria rotina.

Sniff e Scurry continuaram a acordar cedo todos os dias e a correr pelo labirinto, fazendo o mesmo trajeto.

Quando chegavam ao destino, os ratos tiravam os tênis, entrelaçavam os cadarços e os penduravam no pescoço — para que pudessem alcançá-los rapidamente sempre que precisassem deles de novo. Então se deliciavam com o queijo.

No começo, Hem e Haw também corriam em direção à Estação de Queijo Q todas as manhãs para se deliciar com os novos e apetitosos nacos de Queijo que os aguardavam.

Mas, depois de um tempo, uma rotina diferente foi estabelecida pelas pessoinhas.

Hem e Haw acordavam todos os dias um pouco mais tarde, se vestiam sem muita pressa e caminhavam até a Estação de Queijo Q. Afinal de contas, agora sabiam onde o Queijo estava e como chegar lá.

Eles não faziam ideia de onde o Queijo vinha nem de quem o colocava lá. Simplesmente presumiam que estaria naquele lugar.

Assim que Hem e Haw chegavam à Estação de Queijo Q cada manhã, instalavam-se sem a menor cerimônia. Penduravam as roupas de corrida, guardavam os tênis e calçavam chinelos. Agora que haviam encontrado o Queijo, eles se sentiam cada vez mais à vontade.

— Isso é ótimo — disse Hem. — Tem Queijo aqui para o resto da vida.

As pessoinhas se sentiam felizes e bem-sucedidas, e achavam que agora estavam seguras.

Não demorou muito para que Hem e Haw passassem a considerar *seu* o Queijo que encontravam na Estação de Queijo Q. O estoque era tão grande que acabaram se mudando para ficar mais perto dele, e criaram uma vida social ao redor.

Para se sentirem ainda mais "em casa", Hem e Haw decoraram as paredes com frases e até com desenhos de Queijos, o que os deixava satisfeitos.

Uma das frases dizia:

Às vezes Hem e Haw levavam amigos para ver sua pilha de Queijo na Estação de Queijo Q e apontavam para ela com orgulho, dizendo:

— É Queijo da melhor qualidade, não é mesmo?

Às vezes o dividiam com os amigos; outras, não.

— Nós merecemos este Queijo — disse Hem. — Tivemos de trabalhar bastante e por muito tempo para encontrá-lo.

Ele pegou um pedaço de queijo fresco e o comeu. Depois, dormiu, como fazia com frequência.

Todas as noites as pessoinhas voltavam bamboleantes para casa, cheias de Queijo, e todas as manhãs retornavam confiantes para comer mais.

E foi assim durante um bom tempo.

Aos poucos, a confiança de Hem e Haw se transformou na arrogância do sucesso. Logo eles passaram a se sentir tão à vontade que nem perceberam o que estava acontecendo.

Enquanto isso, Sniff e Scurry mantinham a rotina. Chegavam cedo todas as manhãs, farejavam, ciscavam e corriam pela Estação de Queijo Q inspecionando a área para ver se havia mudanças em relação ao dia anterior. E só então se sentavam para roer o queijo.

Certa manhã, eles chegaram à Estação de Queijo Q e descobriram que o queijo havia desaparecido.

Sniff e Scurry não ficaram surpresos. Como eles já haviam notado que o estoque vinha diminuindo a cada dia, estavam preparados para o inevitável e souberam instintivamente o que fazer: eles se entreolharam, pegaram os tênis que haviam pendurado no pescoço, os calçaram e amarraram os cadarços.

Os ratos não analisavam demais as coisas.

Para eles, tanto o problema quanto a solução eram simples. A situação na Estação de Queijo Q havia mudado. Sendo assim, Sniff e Scurry decidiram mudar.

Ambos se voltaram para o labirinto. Sniff ergueu o focinho, farejou e assentiu para Scurry, que começou a correr, enquanto Sniff o seguia o mais rápido que podia.

Eles partiram logo à procura do Novo Queijo.

Mais tarde, no mesmo dia, Hem e Haw chegaram à Estação de Queijo Q. Eles não estavam prestando atenção às pequenas mudanças que vinham ocorrendo diariamente, por isso tinham certeza de que o Queijo deles estaria ali.

Não estavam preparados para o que descobriram.

— O quê? Não há Queijo? — gritou Hem.

E continuou gritando, "Não há Queijo? Não há Queijo?", como se, gritando alto o suficiente, alguém fosse devolvê-lo.

— Quem mexeu no meu Queijo? Quem tirou meu Queijo daqui? — berrava ele.

Por fim, Hem pôs as mãos nos quadris, o rosto ficando vermelho, e ele gritou o mais alto que conseguiu:

— Isso não é justo!

Haw apenas balançou a cabeça, incrédulo. Ele também havia pensado que encontraria Queijo na Estação de Queijo Q. Durante muito tempo, ficou paralisado com o choque. Simplesmente não estava preparado para aquilo.

Hem gritava algo, mas Haw não queria ouvi-lo. Não queria encarar a situação, por isso apenas "saiu do ar".

O comportamento das pessoinhas não era muito agradável nem produtivo, mas compreensível.

Encontrar Queijo não era fácil, e significava muito mais, para as pessoinhas, do que apenas ter o suficiente para comer todos os dias.

Encontrar Queijo era o modo de as pessoinhas obterem o que elas achavam que precisavam para ser feliz. Tinham suas próprias ideias sobre o que o Queijo significava para elas, dependendo de seu sabor.

Para algumas, encontrar Queijo era ter coisas materiais. Para outras, era ter boa saúde, ou uma sensação de bem-estar espiritual.

Para Haw, Queijo significava apenas se sentir seguro, ter uma família amorosa algum dia e viver em uma casinha aconchegante na rua Cheddar.

Para Hem, significava virar um chefão, mandando em outras pessoas, e ter uma mansão na Colina Camembert.

Como o Queijo era importante para as duas pessoinhas, elas passaram muito tempo tentando decidir o que fazer. Tudo em que conseguiam pensar era continuar vasculhando a Estação Sem Queijo Q, para ver se o Queijo realmente não estava mais lá.

Enquanto Sniff e Scurry haviam rapidamente seguido em frente, Hem e Haw pareciam duas baratas tontas indignadas.

Eles reclamavam da injustiça da situação e esbravejavam. Haw começou a ficar deprimido. O que aconteceria se o Queijo não estivesse lá amanhã? Ele tinha feito planos para o futuro contando com aquele Queijo.

As pessoinhas não conseguiam acreditar naquilo. Como uma coisa assim podia ter acontecido? Ninguém tinha dado nenhum alerta. Isso não estava certo. Não era assim que as coisas deviam ser.

Naquela noite, Hem e Haw voltaram para casa famintos e desencorajados. Mas, antes de partir, Haw escreveu na parede:

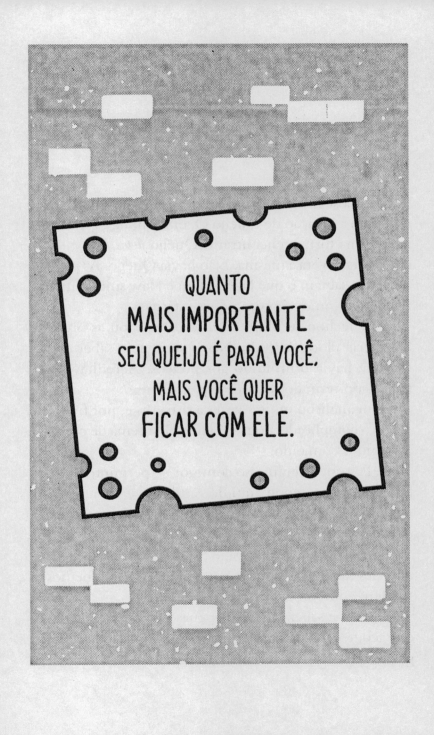

No dia seguinte, Hem e Haw saíram de suas casas e voltaram à Estação de Queijo Q, onde ainda esperavam, de alguma forma, encontrar o Queijo *deles*.

A situação era a mesma. Não havia Queijo. As pessoinhas não sabiam o que fazer. Hem e Haw simplesmente ficaram ali, imóveis como duas estátuas.

Haw fechou os olhos com força e tapou as orelhas. Só queria bloquear tudo. Não queria nem saber que o estoque havia diminuído aos poucos. Acreditava que tinha sido retirado de lá de repente.

Hem analisou muitas vezes a situação e, por fim, seu cérebro complicado, com seu enorme sistema de crenças, assumiu o comando.

— Por que fizeram isso comigo? — perguntou. — O que está acontecendo aqui de verdade?

Finalmente, Haw abriu os olhos, verificou ao redor e disse:

— A propósito, onde estão Sniff e Scurry? Você acha que eles sabem de alguma coisa que nós não sabemos?

Hem zombou dele:

— O que saberiam? São apenas ratos. Só reagem ao que acontece. Nós somos pessoinhas. Somos mais inteligentes que ratos. Deveríamos poder solucionar a questão.

— Sei que somos mais inteligentes — disse Haw —, mas não parecemos estar agindo de forma mais inteligente no momento. As coisas estão mudando por aqui, Hem. Talvez nós precisemos mudar e agir de outra maneira.

— Por que deveríamos mudar? — perguntou Hem.

— Somos pessoinhas. Somos especiais. Esse tipo de coisa não deveria acontecer conosco. Ou, se acontecesse, tínhamos pelo menos de obter alguns benefícios.

— Por que devemos obter benefícios? — perguntou Haw.

— Porque temos direito — respondeu Hem.

— Direito a quê? — quis saber Haw.

— Temos direito ao nosso Queijo.

— Por quê? — perguntou Haw.

— Porque não causamos este problema — afirmou Hem. — Alguém o causou, e deveríamos receber alguma compensação dessa situação.

— Talvez devêssemos simplesmente parar de analisar tanto a situação e sair para procurar um Novo Queijo — sugeriu Haw.

— Ah, não — argumentou Hem. — Vou tirar essa situação a limpo.

Enquanto Hem e Haw ainda tentavam decidir o que fazer, Sniff e Scurry já estavam longe, se embrenhando pelo labirinto, indo e vindo por seus corredores, procurando queijo em todas as Estações de Queijo que vissem pela frente.

Eles não pensavam em nada além de encontrar um Novo Queijo.

Não tiveram sorte durante um tempo, até que finalmente entraram em uma área do labirinto onde nunca haviam estado: Estação de Queijo N.

Eles guincharam de alegria. Acharam o que estavam procurando: um grande estoque de um Novo Queijo.

Os ratos mal podiam acreditar no que viam. Aquele era o maior estoque de queijo que já haviam encontrado na vida.

Nesse meio-tempo, Hem e Haw continuavam na Estação de Queijo Q, avaliando a situação. Agora sofriam os efeitos da falta de Queijo. Estavam ficando frustrados e com raiva, culpando um ao outro pelo estado em que se encontravam.

De vez em quando, Haw pensava em seus amigos ratos, Sniff e Scurry, e se perguntava se eles já teriam encontrado algum queijo. Ele achava que os ratos poderiam estar passando por momentos difíceis, pois correr pelo labirinto geralmente envolvia algumas incertezas. Mas também sabia que isso provavelmente duraria pouco tempo.

Às vezes Haw imaginava Sniff e Scurry encontrando um Novo Queijo e saboreando-o. Pensava em como seria bom se aventurar no labirinto e encontrar um Novo Queijo. Podia praticamente sentir seu sabor.

Quanto mais claramente Haw se visualizava encontrando e saboreando o Novo Queijo, mais se via saindo da Estação de Queijo Q.

— Vamos! — exclamou de repente.

— Não — respondeu rapidamente Hem. — Eu gosto daqui. É confortável. Estou acostumado a esse lugar. Além disso, é perigoso lá fora.

— Não, não é — argumentou Haw. — Já percorremos muitas partes do labirinto outras vezes e podemos fazer isso de novo.

— Estou ficando velho demais para isto — disse Hem. — E não quero me perder e fazer papel de bobo. Você quer?

Ao ouvir aquilo, o medo de fracassar de Haw voltou e a esperança de encontrar um Novo Queijo esmoreceu.

Então todo dia as pessoinhas continuavam a fazer o que haviam feito antes. Iam para a Estação de Queijo Q, não encontravam o Queijo e voltavam para casa, levando junto suas preocupações e frustrações.

Hem e Haw tentaram negar o que estava acontecendo, mas passaram a ter mais dificuldade para pegar no sono e menos energia no dia seguinte, e ficaram irritadiços.

Suas casas não eram mais os lugares acolhedores que um dia haviam sido. As pessoinhas não dormiam bem e passaram a ter pesadelos com a eterna falta de Queijo.

Mas Hem e Haw ainda voltavam à Estação de Queijo Q e esperavam lá todos os dias.

— Sabe, se a gente se esforçar mais vai descobrir que nada mudou tanto assim de verdade. O Queijo provavelmente está aqui por perto. Talvez eles tenham somente o escondido atrás da parede — disse Hem.

No dia seguinte, Hem e Haw voltaram com ferramentas. Hem segurava o cinzel enquanto Haw batia com o martelo até que fizeram um buraco na parede da Estação de Queijo Q. Espiaram pelo buraco, mas não acharam nenhum Queijo.

Eles ficaram decepcionados, mas acreditavam que poderiam resolver o problema. Então chegavam mais cedo, permaneciam mais horas lá e trabalhavam com afinco. Mas, depois de um tempo, tudo o que tinham era um grande buraco na parede.

Haw estava começando a perceber a diferença entre atividade e produtividade.

— Talvez devêssemos apenas nos sentar e esperar para ver o que acontece — sugeriu Hem. — Mais cedo ou mais tarde, eles têm que colocar o Queijo de volta.

Haw queria acreditar nisso. Então, todos os dias, ele ia para casa descansar e retornava, relutante, com Hem para a Estação de Queijo Q. Mas o Queijo nunca reaparecia.

A essa altura, as pessoinhas estavam enfraquecidas por causa da fome e do estresse. Haw estava ficando cansado de só esperar que a situação dos dois melhorasse. Ele começou a ver que, quanto mais permanecessem naquele cenário sem Queijo, pior ficariam.

Haw sabia que estavam perdendo a capacidade de ação.

Por fim, um dia, Haw começou a rir de si mesmo.

— Olhe para nós. Fazendo sempre as mesmas coisas e nos perguntando por que elas não melhoram. Se isso não fosse tão ridículo, seria ainda mais engraçado.

Haw não gostava da ideia de ter de correr de novo pelo labirinto, porque sabia que ficaria perdido e não tinha a mínima ideia de onde iria encontrar algum Queijo. Mas teve de rir de sua insensatez quando percebeu o que o medo estava fazendo com ele.

— Onde nós colocamos nossos tênis de corrida? — perguntou a Hem.

Eles demoraram muito tempo para achá-los, pois haviam guardado tudo quando encontraram seu Queijo na Estação de Queijo Q, achando que não iriam precisar mais deles.

Quando Hem viu o amigo se vestindo, falou:

— Você não vai para o labirinto de novo, vai? Por que não espera aqui comigo até que devolvam o Queijo?

Quem mexeu no meu Queijo? / 45

— Você não entende — argumentou Haw. — Eu também não queria enxergar, mas agora percebo que eles nunca mais vão devolver o Queijo de ontem. É hora de procurar um Novo Queijo.

— Mas e se não houver Queijo lá? — argumentou Hem. — Ou, mesmo que haja, e se você não o encontrar?

— Eu não sei — disse Haw. Ele se fizera aquelas mesmas perguntas muitas vezes e voltou a sentir o medo que o paralisava. — Onde é mais provável que eu encontre Queijo: aqui ou no labirinto? — indagou-se novamente. Ele construiu uma imagem em sua mente. Viu a si mesmo se aventurando pelo labirinto com um sorriso no rosto.

Ao mesmo tempo que essa imagem o surpreendeu, ela o fez se sentir bem. Ele se via se perdendo de vez em quando no labirinto, mas tinha confiança de que acabaria encontrando o Novo Queijo e todas as coisas boas que viriam junto. Ele reuniu suas forças.

Em seguida, usou a imaginação para pintar o quadro mais crível que pôde — com os detalhes mais realistas — dele encontrando o Novo Queijo e se deliciando com seu sabor.

Ele se imaginou comendo queijo suíço cheio de buracos, o cheddar de cor forte, o prato, a mozarela italiana e o maravilhosamente macio queijo francês camembert, e...

Então escutou Hem dizer alguma coisa e percebeu que ainda estavam na Estação de Queijo Q.

— Às vezes, Hem, as coisas mudam e nunca mais voltam a ser as mesmas — disse Haw. — Esta parece ser uma dessas ocasiões. É a vida! A vida segue em frente. E nós deveríamos fazer o mesmo.

Haw olhou para o companheiro esquálido e tentou botar um pouco de juízo na cabeça dele, mas o medo de Hem havia virado raiva, e ele não ouvia.

Haw não queria ser rude com o amigo, mas teve de rir do quanto os dois pareciam tolos.

Ao se preparar para partir, Haw começou a se sentir mais vivo, sabendo que finalmente era capaz de rir de si mesmo, se libertar e seguir em frente.

— É hora do labirinto! — anunciou ele e riu.

Hem não riu e não falou nada.

Haw pegou uma pedra pequena e pontiaguda e escreveu um pensamento sério na parede para Hem refletir sobre ele. Como de costume, fez até o desenho de um queijo ao redor da frase, esperando que aquilo ajudasse Hem a sorrir, se animar e ir procurar o Novo Queijo. Mas Hem não quis olhar para a parede.

Ele escreveu o seguinte:

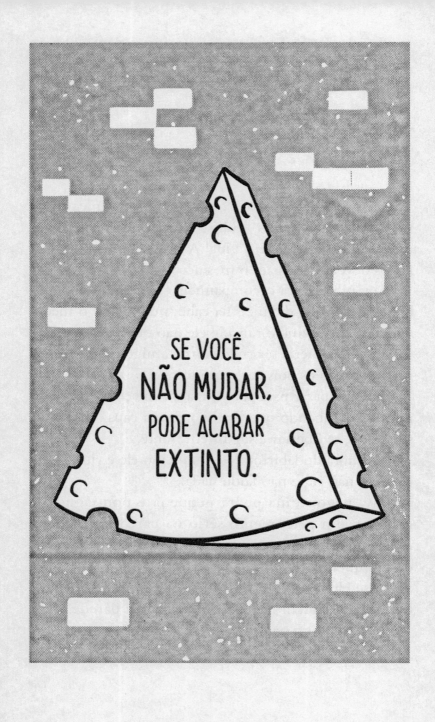

Então Haw botou a cabeça para fora e olhou ansiosamente para o labirinto. Pensou em como havia se colocado naquela situação sem Queijo.

Ele tinha acreditado que poderia não haver Queijo algum no labirinto, ou que talvez não o encontrasse. Essas crenças assustadoras o estavam paralisando e matando.

Haw sorriu. Sabia que Hem estava se perguntando: "Quem mexeu no meu Queijo? Quem tirou meu Queijo daqui?"; mas Haw se perguntava: "Por que eu não me levantei e não me movi com o Queijo antes?"

Quando voltou para o labirinto, Haw olhou para o local de onde viera e reconheceu-o como sua zona de conforto. Ele podia se sentir sendo arrastado de volta para o território familiar — mesmo não tendo encontrado Queijo lá por algum tempo.

Haw ficou mais ansioso e se questionou se realmente queria voltar para o labirinto. Escreveu uma frase na parede à sua frente e ficou olhando para ela durante alguns minutos:

Refletiu sobre o que havia escrito.

Ele sabia que às vezes um pouco de medo pode ser bom. Quando você tem medo de que as coisas vão piorar se você não tomar uma atitude, isso pode instigá-lo a agir. Mas não é bom quando você fica tão temeroso a ponto de não conseguir fazer nada.

Ele olhou à direita, para a parte do labirinto em que nunca estivera, e sentiu medo.

Então respirou fundo, virou à direita e caminhou bem devagar, rumo ao desconhecido.

Ao tentar encontrar o caminho certo, Haw a princípio ficou preocupado e se perguntou se não havia ficado esperando por tempo demais na Estação de Queijo Q. Ficara sem Queijo por tanto tempo que agora se sentia fraco. Caminhava mais lentamente e percorrer o labirinto era mais penoso do que de costume.

Ele decidiu que, se tivesse uma nova chance, iria sair de sua zona de conforto e se adaptar mais cedo à mudança. Isso tornaria as coisas mais fáceis.

Então Haw esboçou um sorriso ao pensar: "Antes tarde do que nunca."

Durante os dias que se seguiram, Haw encontrou pequenos pedaços de Queijo aqui e ali, mas nada que durasse muito. Esperara encontrar Queijo suficiente para levar até Hem e encorajá-lo a se aventurar no labirinto.

Mas Haw ainda não se sentia confiante o bastante. Tinha de admitir que o labirinto o confundia. As coisas pareciam ter mudado desde a última vez em que estivera lá.

Quando ele achava que estava avançando, se perdia nos corredores. Parecia que dava dois passos para a frente e um para trás. Era um desafio, mas ele teve de admitir que estar de volta no labirinto, procurando Queijo, não era tão ruim quanto havia imaginado que seria.

Com o passar do tempo, ele começou a se questionar se estava sendo realista ao esperar encontrar um Novo Queijo. Ficou se perguntando se tinha caído naquela do olho maior que a barriga. Então riu, pela ironia da expressão, pois não tinha nem o que comer, quanto mais como exagerar na comida. Trocou de expressão e se perguntou se tinha dado um passo maior que a perna.

Sempre que começava a ficar desanimado, lembrava--se de que o que estava fazendo, independentemente do quanto fosse desconfortável no momento, na verdade era muito melhor do que permanecer naquela situação sem Queijo. Ele estava assumindo o controle, em vez de simplesmente deixar que as coisas acontecessem.

Então Haw se lembrou de que, se Sniff e Scurry podiam seguir em frente, ele também era capaz!

Mais tarde, ao pensar no que tinha acontecido, Haw se deu conta de que o Queijo na Estação de Queijo Q não tinha desaparecido da noite para o dia, como havia acreditado. Sua quantidade tinha diminuído pouco a pouco, e o que sobrara ficara velho. Não tinha mais um gosto bom. O Queijo Velho podia até ter começado a mofar, embora ele não o tenha notado. Contudo, precisava admitir que, se tivesse desejado, poderia ter antecipado o que iria acontecer. Mas não foi o caso.

Haw agora se dava conta de que a mudança provavelmente não o teria pegado de surpresa se ele estivesse observando o que vinha acontecendo e se houvesse antecipado a mudança. Talvez tenha sido isso que Sniff e Scurry vinham fazendo.

Decidiu que ficaria mais alerta de agora em diante. Teria a expectativa da mudança e manteria os olhos abertos para ela. Confiaria em seus instintos básicos para perceber quando a mudança estava prestes a ocorrer e ficaria preparado para se adaptar a ela.

Parou para descansar e escreveu na parede do labirinto

Algum tempo depois, sem ter encontrado Queijo pelo que pareceu uma eternidade, Haw finalmente se deparou com uma Estação de Queijo de aparência promissora. No entanto, quando entrou nela, ficou muito decepcionado ao descobrir que estava vazia.

"Essa sensação de vazio vem me acometendo com muita frequência", pensou. Ele teve vontade de desistir.

Haw sentiu que sua força física diminuía. Sabia que estava perdido e receava não sobreviver. Pensou em dar meia-volta e retornar à Estação de Queijo Q. Pelo menos, se conseguisse voltar, e se Hem ainda estivesse lá, Haw não ficaria sozinho. Então se fez a pergunta de novo: "O que eu faria se não estivesse com medo?"

Haw achou que havia superado seus temores, mas ele sentia medo com mais frequência do que gostaria de admitir, até para si mesmo. Nem sempre tinha certeza do quê, mas, enfraquecido como estava, soube agora que tinha medo de seguir sozinho. Haw não tinha consciência disso, mas não avançava porque seus temores o oprimiam.

Haw se perguntou se Hem havia seguido em frente ou se ainda estava paralisado por seus próprios medos. Então

Haw se lembrou das vezes em que se sentira melhor no labirinto: quando estava em movimento.

Escreveu uma frase na parede, sabendo que era tanto um lembrete para si mesmo como uma orientação que esperava que seu amigo seguisse:

Haw olhou para o corredor escuro e teve consciência do seu medo. O que havia à sua frente? O corredor estava vazio? Ou, pior, haveria perigos à espreita? Ele começou a imaginar todos os tipos de coisas assustadoras que poderiam lhe acontecer. Estava ficando apavorado.

Então riu de si mesmo. Percebeu que seus temores estavam piorando as coisas. Então fez o que faria se não estivesse com medo. Seguiu em uma nova direção.

Começando a correr pelo corredor escuro, Haw sorriu. Ainda não se dera conta disso, mas estava descobrindo o que nutria sua alma. Ele estava se libertando e confiando no que havia à frente, embora não soubesse exatamente o quê.

Para sua surpresa, Haw começou a se divertir cada vez mais. "Por que me sinto tão bem?", ele se perguntou. "Não tenho nenhum Queijo e não sei para onde estou indo."

Não demorou muito para entender o motivo pelo qual se sentia bem.

Ele parou para escrever novamente na parede:

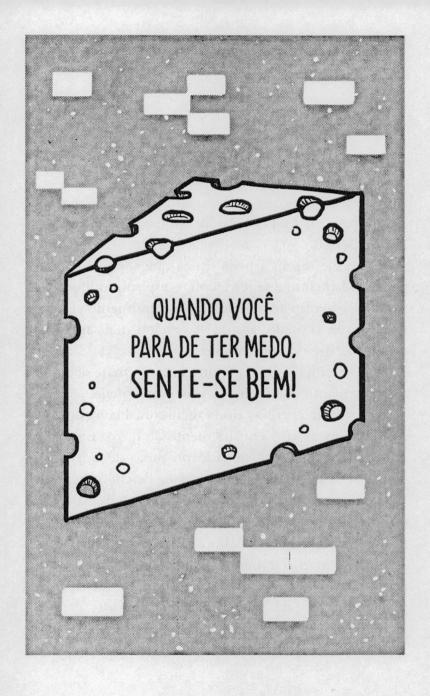

Haw percebeu que vinha sendo mantido cativo por seu próprio medo. Deslocar-se em uma nova direção o havia libertado.

Agora ele sentiu a brisa fresca que soprava naquela parte do labirinto e se refrescou. Respirou fundo várias vezes e se sentiu revigorado pelo movimento. Depois que venceu o medo, aquilo se revelou mais agradável do que achara que poderia ser.

Não se sentia assim há muito tempo. Quase se esquecera do quanto era divertido procurar Queijo.

Para tornar as coisas ainda melhores, Haw começou a pintar um quadro em sua mente de novo. Ele se viu em grandes detalhes, sentado no meio de uma pilha de todos os seus queijos favoritos — de cheddar a brie! Visualizou-se comendo os vários queijos que adorava e gostou do que viu. Então imaginou o quanto apreciaria todos aqueles deliciosos sabores.

Quanto mais claramente ele via a sua imagem saboreando o Novo Queijo, mais real aquilo se tornava. Ele podia sentir que iria encontrá-lo.

Escreveu:

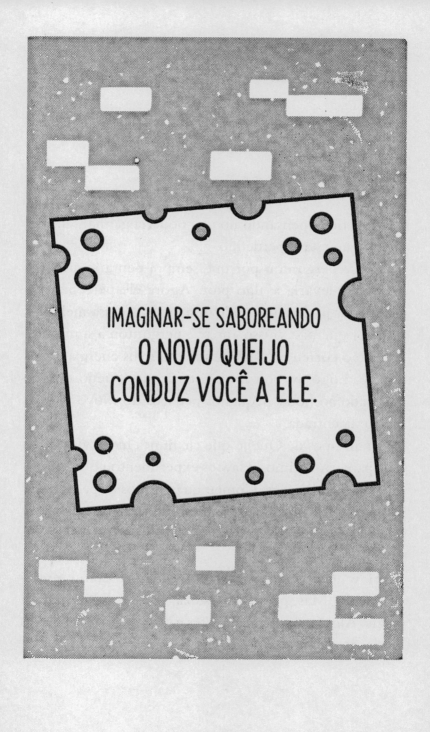

Haw ficou pensando no que poderia ganhar, em vez de no que estava perdendo.

Ele se perguntou por que sempre pensara que uma mudança levaria a algo pior. Agora ele percebia que mudanças poderiam conduzir a alguma coisa melhor.

"Por que não vi isso antes?", perguntou a si mesmo.

Então correu pelo labirinto com mais energia e agilidade. Logo avistou uma Estação de Queijo e ficou animado ao notar pequenos pedaços do Novo Queijo perto da entrada.

Eram tipos de Queijo que ele nunca havia visto, mas que pareciam ótimos. Haw os experimentou e descobriu que eram deliciosos. Comeu quase todos os pedaços do Novo Queijo que havia por lá e pôs alguns no bolso para comer depois e talvez dividir com Hem. Então começou a recuperar suas forças.

Haw entrou na Estação de Queijo bastante entusiasmado. Mas, para sua tristeza, descobriu que estava vazia. Alguém estivera ali antes e deixara apenas aqueles pedaços do lado de fora.

Ele se deu conta de que, se tivesse saído de onde estava antes, poderia ter encontrado uma grande quantidade do Novo Queijo ali.

Haw decidiu voltar e ver se Hem estava pronto para se juntar a ele.

Enquanto refazia seus passos, parou e escreveu na parede:

Depois de um tempo, Haw acertou o caminho para a Estação de Queijo Q e encontrou Hem. Ofereceu-lhe pedaços do Novo Queijo, mas Hem declinou da oferta.

Hem apreciou o gesto do amigo, mas disse:

— Não acho que eu vá gostar do Novo Queijo. Não é a ele que estou acostumado. Eu quero meu próprio Queijo de volta e não vou mudar até conseguir o que desejo.

Haw apenas balançou a cabeça, desapontado, e, com certa relutância, tomou seu rumo sozinho. Ao chegar ao ponto mais distante que alcançara no labirinto, sentiu falta do amigo, mas percebeu que gostava do que estava descobrindo. Mesmo antes de encontrar o que esperava que fosse um grande estoque do Novo Queijo, soube que apenas ter Queijo não era o que o tornava feliz.

Haw era feliz quando não estava sendo movido pelo medo. Gostava do que estava fazendo agora.

Ciente disso, ele não se sentia tão fraco como quando permaneceu na Estação de Queijo Q sem Queijo. O simples fato de decidir que não deixaria seu medo fazê--lo parar e de saber que tinha tomado uma nova direção o nutria e o fortalecia.

Agora sabia que era apenas uma questão de tempo até encontrar aquilo de que precisava. Na verdade, sentia que já havia encontrado o que procurava.

Ele sorriu ao se dar conta de que:

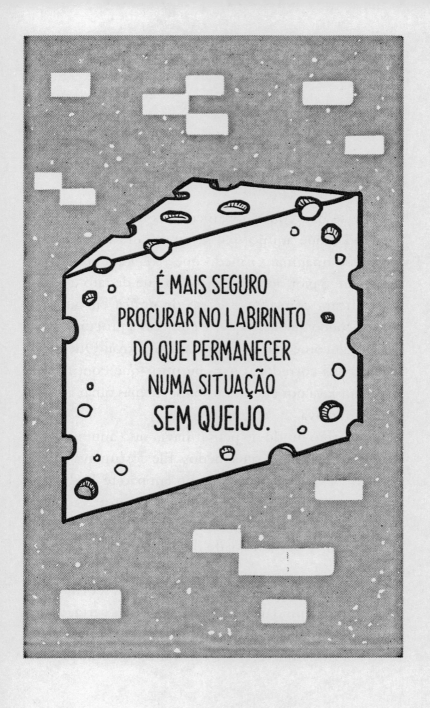

Haw se deu conta novamente, como um dia havia percebido, que aquilo que se teme nunca é tão ruim quanto se imagina. O medo que *você deixa* crescer em sua mente é pior do que a situação que de fato existe.

Ele ficara com tanto receio de nunca encontrar o Novo Queijo que nem queria começar a procurar. Mas, desde que começou sua jornada, encontrou Queijo suficiente nos corredores para permitir que continuasse. Agora ansiava por encontrar mais. Apenas olhar adiante já o estimulava.

Seu antigo modo de pensar havia sido anuviado por suas preocupações e seus medos. Ele costumava pensar em não ter Queijo suficiente, ou em não tê-lo durante o tempo que desejava. Costumava pensar mais no que poderia dar errado do que no que poderia dar certo.

Mas aquilo havia mudado desde que saíra da Estação de Queijo Q.

Ele achava que o Queijo nunca poderia ser tirado do lugar, e que a mudança não era uma coisa certa.

Agora percebia que era natural que a mudança ocorresse continuamente, você esperando ou não por ela.

Ela só poderia surpreendê-lo se não a esperasse e não estivesse procurando por ela.

Quando Haw percebeu que suas convicções haviam mudado, parou para escrever na parede:

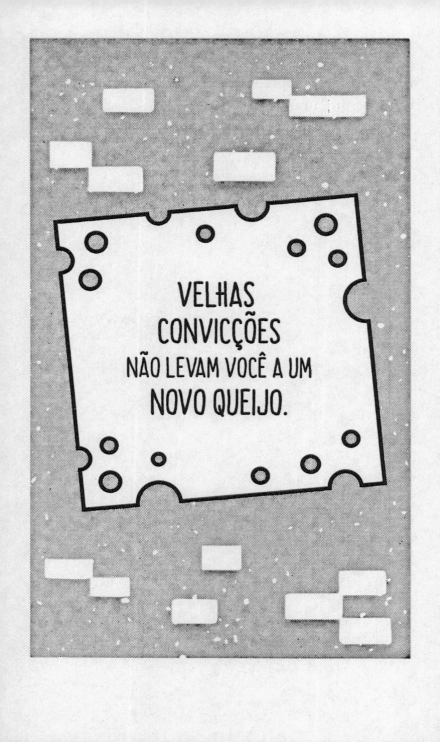

Haw ainda não havia encontrado Queijo algum, mas, enquanto corria pelo labirinto, ficou pensando no que já havia aprendido.

Haw se deu conta agora de que suas novas convicções estavam encorajando novos comportamentos. Ele estava se comportando de modo diferente de quando ficava retornando para a mesma estação sem queijo.

Ele aprendeu que, quando você muda suas convicções, acaba mudando as coisas que faz.

Você pode acreditar que uma mudança irá prejudicá--lo e resistir a ela. Ou acreditar que achar um Novo Queijo vai ajudar você e, com isso, aceitar a mudança.

Tudo depende daquilo em que você escolhe acreditar.

Ele escreveu na parede:

Haw sabia que estaria melhor agora se tivesse lidado com a mudança muito antes e saído da Estação de Queijo Q mais cedo. Ele estaria se sentindo mais forte fisicamente e mais bem disposto, e poderia ter enfrentado melhor o desafio de encontrar um Novo Queijo. Na verdade, provavelmente já o teria encontrado se tivesse previsto a mudança, em vez de perder tempo negando que ela já começara a ocorrer.

Ele usou a imaginação de novo e se viu encontrando e saboreando um Novo Queijo. Resolveu adentrar áreas mais desconhecidas do labirinto, e achou uns poucos pedaços de Queijo aqui e ali. Haw começou a recuperar sua força e confiança.

Ao pensar no lugar de onde viera, Haw ficou feliz por ter escrito em várias paredes. Ele achava que isto serviria como uma trilha a ser seguida por Hem pelo labirinto, se algum dia ele decidisse sair da Estação de Queijo Q.

Haw só esperava estar indo na direção certa. Pensou na possibilidade de Hem ler As Frases Escritas na Parede e seguir seu rumo.

Ele escreveu na parede algo em que vinha pensando fazia algum tempo:

A essa altura, Haw havia se libertado do passado e estava se adaptando ao presente.

Ele continuou a percorrer o labirinto com maior vigor e velocidade. E, não demorou muito, aconteceu.

Quando parecia que ele estava no labirinto havia uma eternidade, sua jornada — ou pelo menos esta parte da jornada — terminou rapidamente.

Haw prosseguiu por um corredor que lhe era novo, virou uma esquina e encontrou um Novo Queijo na Estação de Queijo N!

Quando entrou nela, ficou surpreso com o que viu. Em altas pilhas por toda parte estava o maior estoque de Queijo que já tinha visto. Haw não reconheceu todos os tipos de Queijo, porque alguns eram novos para ele.

Então Haw se perguntou, por um instante, se o que via era real ou fruto de sua imaginação. Até que avistou seus velhos amigos, Sniff e Scurry.

Sniff deu as boas-vindas a Haw inclinando a cabeça numa saudação, e Scurry acenou-lhe com a pata. Suas barriguinhas gorduchas indicavam que eles estavam ali havia algum tempo.

Haw os cumprimentou rapidamente e logo pegou alguns pedaços de todos os seus Queijos favoritos. Tirou os tênis, amarrou os cadarços e os pendurou no pescoço no caso de precisar deles de novo. Sniff e Scurry riram e assentiram, admirados. Então Haw se atirou no Novo Queijo. Depois de saciar a fome, ergueu um pedaço de Queijo fresco e fez um brinde:

— Viva a Mudança!

Enquanto Haw saboreava o Novo Queijo, refletia sobre o que havia aprendido.

Ele percebeu que, durante o tempo que passou com medo da mudança, estivera se agarrando à ilusão do Velho Queijo, que não estava mais lá.

Então o que o fez mudar? O medo de morrer de fome? Haw sorriu e pensou que isso certamente tinha ajudado.

Então ele riu e percebeu que começou a mudar assim que aprendeu a rir de si mesmo e do que vinha fazendo de errado. Ele se deu conta de que o caminho mais rápido para mudar é rir da própria insensatez — então você consegue se libertar e seguir rapidamente em frente.

Haw soube que tinha aprendido algo útil sobre seguir em frente com seus companheiros ratos, Sniff e

Scurry. A vida era simples para eles. Não analisavam demais as coisas nem as complicavam. Quando a situação mudou e o Queijo foi tirado do lugar, eles mudaram e se deslocaram com o queijo. Haw se lembraria disso.

Haw também havia usado seu cérebro maravilhoso para fazer o que as pessoinhas fazem melhor do que os ratos.

Ele imaginou a si mesmo, em detalhes, encontrando algo melhor — muito melhor.

Haw refletiu sobre os erros que cometera no passado e os usou para planejar seu futuro. Ele entendeu que era possível aprender a lidar com mudanças.

A ter mais consciência da necessidade de manter a simplicidade das coisas, de ser flexível e de se deslocar rapidamente.

Não é preciso complicar demais as coisas ou se confundir com convicções temerárias.

É possível perceber quando as pequenas mudanças começam, para se estar mais bem preparado para a grande mudança que pode estar por vir.

Ele entendeu que precisava se adaptar mais rapidamente, porque, se você não se adapta a tempo, pode acabar nunca se adaptando.

Haw teve de admitir que o maior obstáculo à mudança está dentro de *você* mesmo, e que nada melhora até *você* mudar.

Talvez mais importante do que tudo, Haw se deu conta de que sempre há um Novo Queijo em algum lugar, quer você perceba isso na hora ou não. E que você o recebe como recompensa quando vence o medo e passa a sentir o gosto da aventura.

Haw sabia que uma certa dose de medo devia ser respeitada, pois isso pode manter você longe de perigos reais. Mas percebeu que a maioria de seus medos era irracional e o vinha impedindo de mudar quando necessário.

Ele não gostava da ideia antes, mas viu que a mudança se revelou uma bênção disfarçada, porque o levou a encontrar um Queijo melhor.

E encontrou até uma parte melhor de si mesmo.

Enquanto Haw repassava o que havia aprendido, pensou em seu amigo Hem. Ficou se perguntando se Hem havia lido alguma das frases que ele escrevera nas paredes na Estação de Queijo Q e por todo o labirinto.

Será que Hem havia decidido se libertar e seguir em frente? Teria ele entrado no labirinto e descoberto o que poderia tornar sua vida melhor?

Ou ainda estaria encurralado por não querer mudar?

Haw pensou em voltar à Estação de Queijo Q para ver se conseguia encontrar Hem — presumindo que fosse achar o caminho de volta até lá. Ele pensou que, se encontrasse Hem, poderia lhe mostrar como sair de sua situação difícil. Mas Haw se deu conta de que já tinha tentado convencer o amigo a mudar.

Hem tinha de encontrar o próprio rumo, para além de sua zona de conforto e de seus medos. Ninguém podia fazer isso por ele, nem convencê-lo. De algum modo, Hem tinha de ver sozinho a vantagem da mudança.

Haw sabia que havia deixado uma trilha para Hem, e que este poderia achar o próprio rumo se apenas lesse As Frases Escritas na Parede.

Ele repensou tudo e fez um resumo do que havia aprendido na maior parede da Estação de Queijo N. Desenhou um grande pedaço de queijo ao redor de todos os pensamentos que haviam lhe ocorrido e sorriu ao ver o que aprendera:

AS FRASES ESCRITAS NA PAREDE

MUDANÇAS ACONTECEM
ELAS FICAM MUDANDO O QUEIJO DE LUGAR

ANTECIPE AS MUDANÇAS
PREPARE-SE PARA A TROCA DE LUGAR DO QUEIJO

MONITORE AS MUDANÇAS
CHEIRE O QUEIJO COM FREQUÊNCIA PARA
SABER QUANDO ESTÁ FICANDO VELHO

ADAPTE-SE RAPIDAMENTE ÀS MUDANÇAS
QUANTO MAIS RÁPIDO VOCÊ SE LIBERTAR DO QUEIJO VELHO,
MAIS CEDO PODERÁ SABOREAR O QUEIJO NOVO

MUDANÇAS
SAIA DO LUGAR COM O QUEIJO

APRECIE A MUDANÇA!
SINTA O GOSTO DA AVENTURA E SABOREIE O NOVO QUEIJO!

ESTEJA PREPARADO PARA MUDAR RAPIDAMENTE E APROVEITE TODAS AS MUDANÇAS
ELAS CONTINUAM MUDANDO O QUEIJO DE LUGAR

Haw percebeu o quanto havia avançado desde que estivera com Hem na Estação de Queijo Q, mas sabia que seria fácil retroceder caso se sentisse à vontade demais. Assim, todos os dias ele inspecionava a Estação de Queijo N para ver a situação do seu Queijo. Faria todo o possível para evitar ser surpreendido por uma mudança inesperada.

Enquanto Haw ainda tinha um grande estoque de Queijo, frequentemente ia para o labirinto e explorava novas áreas, para estar ciente do que estava acontecendo ao seu redor. Ele sabia que era mais seguro ter consciência de suas opções reais do que se isolar em sua zona de conforto.

Nesse momento, Haw ouviu o que achou ser o som de passos no labirinto. Quando o barulho ficou mais alto, percebeu que alguém se aproximava.

Será que poderia ser Hem? Estaria ele prestes a aparecer ali?

Haw fez uma pequena oração e rezou — como fizera muitas vezes antes — para que talvez, finalmente, o amigo tivesse sido capaz de...

Um debate:
Mais tarde, naquele mesmo dia

Quando Michael terminou de contar a história, olhou em volta e viu seus ex-colegas de turma sorrindo para ele.

Vários lhe agradeceram e disseram que tinham aprendido muito com a história.

Nathan perguntou ao grupo:

— O que vocês acham de nos reunirmos depois e, quem sabe, conversar sobre isso?

A maioria gostou da ideia e eles combinaram de se encontrar para beber mais tarde, antes do jantar.

Naquela noite, ao se reunirem no saguão de um hotel começaram a brincar uns com os outros a respeito de seu "Queijo" e de ver a si mesmos no labirinto.

84 / Spencer Johnson

— Então, quem eram vocês na história? Sniff, Scurry, Hem ou Haw? — perguntou Angela ao grupo, bem-intencionada.

— Bem, eu fiquei pensando nisso hoje à tarde — respondeu Carlos. — Eu me lembro bem de quando ainda não tinha aberto meu negócio de artigos esportivos, quando tive um contato conturbado com a mudança. Eu não fui Sniff, não farejei a situação nem percebi cedo a mudança. E certamente não fui Scurry, pois não entrei imediatamente em ação. Eu estava mais para Hem, que queria ficar em território conhecido. A verdade é que eu não quis lidar com a mudança. Não quis nem enxergá-la — concluiu Carlos.

Michael, que sentia como se o tempo não tivesse passado desde que ele e Carlos foram grandes amigos na escola, perguntou:

— Do que você está falando, cara?

— De uma mudança de emprego inesperada — respondeu Carlos.

— Você foi despedido? — perguntou Michael, rindo.

— Bem, digamos apenas que eu não queria ir atrás de um Novo Queijo. Achava que tinha uma boa razão para que a mudança não ocorresse comigo. Por causa disso fiquei muito chateado na época.

Alguns dos seus ex-colegas de turma que tinham ficado calados no início se sentiram mais à vontade agora e começaram a falar, inclusive Frank, que havia ingressado nas forças armadas.

— Hem me lembra um amigo meu — disse Frank. — O setor dele estava para ser fechado, mas ele não queria enxergar isso. A empresa começou a realocar as pessoas que trabalhavam com ele. Todos tentamos conversar com ele sobre as várias outras oportunidades que existiam na empresa para aqueles que estavam dispostos a ser flexíveis, mas ele não achava que tinha de mudar. Foi o único que ficou surpreso quando seu setor fechou. Agora está tendo dificuldades para se ajustar à mudança que achava que não iria acontecer.

— Eu também não achava que fosse acontecer comigo — comentou Jessica —, mas mexeram no meu "Queijo" mais de uma vez, especialmente na minha vida pessoal, mas a gente pode deixar esse assunto para depois.

Muitos no grupo riram, menos Nathan.

— Talvez seja essa a questão — disse Nathan. — Mudanças acontecem com todos nós. Como eu queria que minha família tivesse ouvido a história do Queijo no passado. Infelizmente, nós não quisemos enxergar as mudanças que estavam ocorrendo em nosso negócio, e agora é tarde demais. Estamos tendo que fechar várias de nossas lojas.

Aquilo causou surpresa em muitos no grupo, porque eles achavam que Nathan tinha sorte de estar em um negócio seguro, com o qual podia contar ano após ano.

— O que aconteceu? — quis saber Jessica.

— Nossa cadeia de lojinhas ficou ultrapassada de uma hora para outra quando uma mega-store foi aberta na cidade com seu estoque gigantesco e preços baixos. Nós simplesmente não tínhamos como competir com aquilo.

Nathan fez uma breve pausa e continuou:

— Agora vejo que, em vez de agir como Sniff e Scurry, nós fizemos como Hem. Ficamos onde estávamos e não mudamos. Tentamos ignorar o que acontecia e agora estamos encrencados. Poderíamos ter aprendido algumas coisas com Haw, porque certamente não conseguíamos rir de nós mesmos nem mudar o que estávamos fazendo.

Laura, que havia se tornado uma executiva de sucesso, estava escutando e tinha falado bem pouco até então.

— Eu também pensei na história essa tarde — confessou ela. — E fiquei me perguntando como eu poderia ser mais como Haw e enxergar o que estou fazendo de errado, rir de mim mesma, mudar e fazer melhor. Agora, uma pergunta: quantos aqui têm medo de mudar?

Ninguém respondeu, então ela sugeriu:

— Que tal levantarmos a mão?

Apenas uma pessoa levantou a mão.

— Bem, parece que temos uma pessoa honesta em nosso grupo! — comentou ela, e continuou: — Acho que vocês vão gostar mais da próxima pergunta: quantos aqui pensam que os outros têm medo de mudar?

Quem mexeu no meu Queijo? / 87

Praticamente todos levantaram a mão. Depois come çaram a rir.

— O que *isso* nos revelou? — questionou Laura.

— Que nós negamos a verdade — respondeu Nathan.

— Exatamente — admitiu Michael. — Às vezes não estamos nem cientes de que temos medo. Eu não estava. Quando ouvi a história, adorei a pergunta: "O que você faria se não estivesse com medo?"

Então Jessica acrescentou:

— Bem, o que aprendi com a história é que mudanças acontecem por todos os lados, e que as coisas ficarão melhores para mim se eu me adaptar rapidamente a elas. Eu me lembro quando, há alguns anos, a nossa empresa vendia uma enciclopédia com mais de vinte volumes. Uma pessoa tentou nos dizer que deveríamos transformá-la em um produto digital e vendê-la bem mais barato. Seria mais fácil atualizá-la, custaria bem menos para produzir, e um número maior de pessoas poderia comprá-la. Mas todos nós resistimos a essa ideia.

— E por que vocês resistiram? — perguntou Nathan.

— Porque achávamos que o que sustentava nosso negócio era o grande número de pessoas que realizavam vendas de porta em porta. Manter essa nossa equipe de vendas dependia das altas comissões que elas ganhavam com o nosso produto caro. Fazíamos isso com sucesso havia muito tempo e achávamos que continuaríamos ganhando dinheiro daquela forma eternamente.

88 / Spencer Johnson

— Talvez seja isso o que a história queria dizer sobre a arrogância do sucesso de Hem e Haw. Eles não notaram que precisavam mudar o que vinha funcionando no passado — disse Laura.

— Então você pensava que seu Velho Queijo era o seu único Queijo — concluiu Nathan.

— Sim, e nós queríamos nos manter ligados a ele. Quando penso no que aconteceu com a gente, percebo que não foi só o caso de "terem mexido no nosso Queijo", mas que o "Queijo" tem vida própria e um dia acaba. Seja como for, nós não mudamos. Mas um concorrente mudou, e nossas vendas caíram muito. Estamos passando por tempos difíceis. Agora, outra grande mudança tecnológica está acontecendo nessa área, e ninguém na empresa parece querer lidar com isso. O cenário não é nada bom. Acho que em breve estarei sem emprego.

— É hora do labirinto! — gritou Carlos.

Todos riram, inclusive Jessica.

Carlos virou para Jessica e disse:

— Que bom que você consegue rir de si mesma.

— Foi isso que *eu* aprendi com a história — falou Frank. — Costumo me levar muito a sério. Notei como Haw mudou quando finalmente achou graça de si mesmo e do que estava fazendo.

— Você acha que Hem algum dia mudou e encontrou um Novo Queijo? — perguntou Angela.

— Acho que sim — respondeu Elaine.

— Eu acho que não — replicou Cory. — Há pessoas que nunca mudam. E elas pagam um preço por isso. Vejo muitas como Hem no meu consultório. Elas acham que são merecedoras do seu "Queijo". Ficam se sentindo como vítimas quando ele é retirado delas e culpam os outros. Elas ficam mais doentes do que as pessoas que desapegam e seguem em frente.

Então Nathan disse em voz baixa, como se falasse consigo mesmo:

— Acho que a questão é: do que precisamos desapegar e o que é necessário para seguir em frente?

Todos ficaram em silêncio durante um tempo.

— Devo admitir que eu vi o que estava acontecendo com lojas como as nossas em outros lugares do país, mas tinha esperança de que aquilo tudo não iria nos afetar — disse Nathan. — Creio que é muito melhor começar a mudar enquanto você pode do que tentar reagir e se adaptar depois. Talvez devêssemos tirar o nosso próprio Queijo do lugar.

— O que você quer dizer com isso? — perguntou Frank.

— Não posso evitar me perguntar onde estaríamos hoje se tivéssemos vendido todas as nossas antigas lojas e construído uma outra moderníssima para competir com os melhores do mercado — explicou Nathan.

— Talvez tenha sido isso o que Haw quis dizer quando escreveu na parede "Sinta o gosto da aventura e saia do lugar com o Queijo" — comentou Laura.

— Acho que algumas coisas não deveriam mudar — falou Frank. — Por exemplo, eu quero continuar apegado aos meus valores fundamentais. Mas percebo agora que estaria em melhor situação se tivesse me mexido com o "Queijo" muito mais cedo na minha vida.

— Bem, Michael, essa foi uma ótima historinha — disse Richard, o clássico cético —, mas como você a colocou em prática na sua empresa, na verdade?

O grupo não sabia disso ainda, mas o próprio Richard vinha passando por algumas mudanças. Recém-divorciado da mulher, tentava agora conciliar a carreira com a criação dos filhos adolescentes.

— Sabe, eu achava que meu trabalho era só administrar os problemas diários, no momento em que surgiam, quando o que eu deveria estar fazendo era olhar para a frente e prestar atenção ao lugar para onde estávamos nos dirigindo — respondeu Michael. — E, cara, eu administrava esses problemas vinte e quatro horas por dia, sete dias por semana. Eu não era uma pessoa muito agradável de se conviver. Estava numa corrida pelo ouro e não conseguia sair dela.

— Então você estava só administrando quando deveria estar liderando — disse Laura.

— Exatamente — concordou Michael. — Então, quando escutei a história de *Quem mexeu no meu Queijo?*, percebi que minha tarefa seria construir uma imagem do Novo Queijo, do qual todos gostaríamos de correr atrás, para que pudéssemos gostar da mudança e ter sucesso, fosse na profissão ou na vida pessoal.

— O que você fez no trabalho? — perguntou Nathan.

— Bem, quando perguntei às pessoas na nossa empresa quem elas eram na história, vi que tínhamos os quatro personagens em nossa organização. Comecei a enxergar que os Sniffs, os Scurrys, os Hems e os Haws precisavam ser tratados de forma diferenciada. Nossos Sniffs conseguiam farejar mudanças no mercado, e assim ajudaram a atualizar nossa visão corporativa. Foram encorajados a identificar como as mudanças poderiam resultar em novos produtos e serviços que nossos clientes iriam desejar. Os Sniffs adoraram isso e disseram que gostavam de trabalhar em um lugar que reconhecia mudanças e se adaptava a tempo. Nossos Scurrys gostavam de botar a mão na massa, então foram estimulados a agir com base na nova visão corporativa. Só precisavam ser monitorados para que não saíssem correndo na direção errada. Eles foram, então, recompensados por ações que nos levaram ao Novo Queijo. Gostavam de trabalhar em uma empresa que valorizava ação e resultado.

— E quanto aos Hems e Haws? — perguntou Angela.

— Infelizmente, os Hems eram as âncoras que freavam o nosso avanço — respondeu Michael. — Ou se sentiam muito confortáveis ou tinham medo demais de mudar. Alguns de nossos Hems só mudaram quando enxergaram a visão sensata que criamos, que lhes mostrou como as mudanças funcionariam para seu benefício. Nossos Hems nos disseram que queriam trabalhar num lugar que fosse seguro, de forma que as mudanças precisavam fazer sentido para eles e aumentar sua sensação de segurança. Quando perceberam o verdadeiro perigo de não mudar, alguns adotaram outra postura e foram bem-sucedidos. Essa visão nos ajudou a transformar muitos de nossos Hems em Haws.

— O que vocês fizeram com os Hems que não mudaram? — perguntou Frank.

— Tivemos que abrir mão deles — explicou Michael, um tanto triste. — Queríamos manter todos os nossos funcionários, mas sabíamos que, se não houvesse mudanças em nosso negócio rapidamente, todos ficaríamos encrencados.

Ele fez uma pausa e acrescentou:

— A boa notícia é que, embora nossos Haws tenham ficado hesitantes no início, mostraram ter a mente aberta na medida certa para aprender algo novo, agir de forma diferente e se adaptar a tempo de nos ajudar a ter sucesso. Eles começaram a esperar a mudança e a procurar ativamente por ela. Porque entendiam a natureza humana, eles nos ajudaram a criar uma visão realista do Novo Queijo, que fez sentido para praticamente todo mundo. Eles nos disseram que queriam trabalhar em uma organização que desse às pessoas a confiança e as ferramentas para mudar. E nos ajudaram a manter nosso senso de humor enquanto íamos atrás do nosso Novo Queijo.

— Você tirou isso tudo de uma historinha? — perguntou Richard.

— Não foi a história, mas o que *fizemos de diferente* baseado no que aprendemos com ela — explicou Michael, sorrindo.

— Eu sou um pouco como Hem — admitiu Angela —, então, para mim, a parte mais impactante da história foi quando Haw riu do seu medo e se dispôs a criar uma imagem mental em que se via saboreando o "Novo Queijo". Isso fez o ato de se aventurar pelo labirinto menos temeroso e mais agradável. E ele acabou conseguindo algo melhor. É o que eu gostaria de fazer com mais frequência.

— Então até mesmo os Hems podem às vezes ver a vantagem de mudar — disse Frank, satisfeito.

— Como a vantagem de manter seus empregos — comentou Carlos, rindo.

— Ou até ganhar um bom aumento — acrescentou Angela.

Richard, que estivera de cenho franzido durante a conversa, falou:

— Minha gerente vem me falando que nossa empresa precisa mudar. Eu acho que o que ela realmente está me dizendo é que *eu* preciso mudar, mas eu não estava dando ouvidos a ela. Acho que nunca soube de verdade o que era o "Novo Queijo" para o qual ela estava tentando nos levar. Ou como eu poderia ganhar com ele. — Richard abriu um sorrisinho quando disse: — Devo admitir que gosto dessa ideia de visualizar o "Novo Queijo" e de imaginar o ato de saboreá-lo. Deixa tudo mais claro. Quando você vê como ele pode melhorar as coisas, fica mais interessado em fazer a mudança acontecer. Talvez eu pudesse usar isso em minha vida pessoal. Meus filhos parecem acreditar que nada em suas vidas jamais deveria mudar. Acho que eles estão agindo como Hem. Estão com raiva. Provavelmente têm medo do futuro. Talvez eu não tenha criado uma imagem realista do "Novo Queijo" para eles. Provavelmente porque eu mesmo não consiga visualizá-lo.

O grupo ficou em silêncio enquanto cada um pensava na própria vida.

— Bem — disse Jessica —, a maioria das pessoas aqui está falando de empregos, mas, enquanto ouvia a história, eu pensava na minha vida pessoal. Acho que meu relacionamento atual é um "Velho Queijo" mofado.

Cory riu, concordando:

— O meu também. Provavelmente terei de abrir mão de um relacionamento ruim.

— Ou talvez o "Velho Queijo" seja apenas um velho comportamento — retrucou Angela. — Na verdade, temos de abrir mão do comportamento que é a causa do relacionamento ruim. E então mudar para um melhor modo de pensar e de agir.

— É mesmo! — concordou Cory. — Você tem razão! O Novo Queijo pode ser um novo relacionamento com a mesma pessoa.

— Estou começando a achar que pode haver algo mais nessa história do que imaginei — observou Richard. — Gosto da ideia de abrir mão de antigos comportamentos em vez do relacionamento. Repetir o mesmo modo de agir só fará você obter os mesmos resultados. No que diz respeito ao trabalho, talvez, em vez de trocar de emprego, eu devesse mudar *meu modo* de trabalhar. Se fizesse isso, provavelmente estaria numa posição melhor agora.

Então Becky, que morava em outra cidade mas havia voltado para o encontro, disse:

— Enquanto eu ouvia a história e os comentários de todos aqui, tive de rir de mim mesma. Tenho sido como Hem por tanto tempo, hesitando e tendo medo de mudança. Só não fazia ideia de quantas outras pessoas eram assim também. Talvez tenha até passado isso para os meus filhos sem perceber. Pensando bem, entendo agora que a mudança realmente pode nos levar a um lugar novo e melhor, embora no momento em que ela acontece você ache que não. Eu me lembro da época em que nosso filho estava no ensino médio. O emprego do meu marido exigiu que nós nos mudássemos de Illinois para Vermont, e nosso filho ficou triste porque teve de se afastar dos amigos. Ele era um ótimo nadador, e a escola em Vermont não tinha uma equipe de natação. Então ele nos odiou porque o fizemos sair de Illinois. Só que, depois, ele acabou se apaixonando pelas montanhas de Vermont, aprendeu a esquiar, entrou para a equipe de esqui do novo colégio, e agora está feliz no Colorado. Se todos nós tivéssemos ouvido essa história do Queijo juntos, tomando uma xícara de chocolate quente, poderíamos ter evitado muito estresse em nossa família.

— Estou indo para casa contar essa história à minha família — disse Jessica. — Vou perguntar aos meus filhos quem eles acham que sou, Sniff, Scurry, Hem ou Haw, e quem eles acham que são. Nós poderíamos falar sobre o que pensamos ser o Velho Queijo da família, e o que o Novo Queijo poderia ser.

— É uma boa ideia — disse Richard, surpreendendo a todos, até a si mesmo.

Então Frank comentou:

— Acho que vou ser mais como Haw, sair do lugar com o Queijo e saboreá-lo! E vou contar essa história para os meus amigos que estão com medo de deixar a carreira militar e receosos com o que a mudança significará para eles. Isso poderia levar a alguns debates interessantes.

— Foi assim que melhoramos o nosso negócio — interveio Michael. — Debatemos várias vezes o que tínhamos aprendido com a história do Queijo e discutimos como poderíamos aplicá-la à nossa situação. Foi ótimo porque ela nos forneceu referências divertidas na hora de falar sobre a forma como estávamos lidando com as mudanças. Foi muito eficaz, principalmente quando se propagou mais a fundo na empresa.

— Como assim "mais a fundo"? — disse Nathan.

— Bem, conforme avançamos em nossa organização, descobrimos mais pessoas que achavam que tinham menos poder. Compreensivelmente, elas tinham mais medo do que a mudança imposta de cima poderia fazer com elas. Então resistiam. Em resumo, uma mudança imposta é uma mudança adversa. Mas, assim que a história do Queijo foi compartilhada com, literalmente, todos na empresa, ela nos ajudou a alterar a forma como encarávamos as mudanças. Ajudou todo mundo a rir, ou pelo menos a achar graça, de seus antigos medos e querer seguir em frente. Eu só queria ter ouvido a história do Queijo antes — acrescentou Michael.

— Por quê? — perguntou Carlos.

Michael respirou fundo e respondeu:

— Porque, quando por fim começamos a lidar com as mudanças, nosso negócio já tinha decaído tanto que tivemos de dispensar alguns funcionários, como falei antes, inclusive alguns bons amigos. Foi duro para todos nós. No entanto, aqueles que ficaram e muitas das pessoas que saíram disseram que a história do Queijo os ajudou a enxergar as coisas de uma maneira diferente e a, eventualmente, enfrentar melhor as situações que se apresentaram. Aqueles que tiveram de sair e procurar um novo emprego falaram que foi difícil no começo, mas recordar a história foi de grande ajuda para eles.

— O que os ajudou mais? — perguntou Angela.

— Depois que deixaram seus medos para trás — respondeu Michael —, eles me disseram que a melhor coisa foi perceber que havia um Novo Queijo lá fora apenas esperando ser descoberto! Disseram que ter uma imagem mental do Novo Queijo, vendo a si mesmos se dando bem em um novo emprego, fez com que se sentissem melhor e os ajudou a ir muito bem em entrevistas de emprego. Vários conseguiram trabalhos melhores.

— E quanto às pessoas que permaneceram na empresa? — perguntou Laura.

— Bem — ponderou Michael —, em vez de reclamarem das mudanças que estavam ocorrendo, as pessoas passaram a dizer: "Eles apenas mudaram nosso Queijo de lugar. Vamos procurar pelo Novo Queijo." Isso poupou um bom tempo e reduziu o estresse. Não demorou muito e as pessoas que antes estavam resistindo viram a vantagem de mudar. Inclusive ajudaram a promover mudanças.

— Por que você acha que eles mudaram? — perguntou Cory.

— Eles mudaram depois que a pressão de grupo em nossa empresa mudou. O que acontece na maioria das organizações quando uma mudança é anunciada pela gerência? — perguntou ele. — A maioria das pessoas diz que a mudança é uma ideia boa ou ruim?

— Ruim — respondeu Frank.

— Isso — concordou Michael. — Por quê?

— Porque as pessoas querem que as coisas permaneçam como estão e acham que a mudança será ruim para elas. Quando uma pessoa diz que a mudança é uma má ideia, outros dizem o mesmo — falou Carlos.

— Sim, elas podem nem se sentir dessa forma de verdade — disse Michael —, mas o fazem para serem aceitas. Esse é o tipo de pressão do grupo que atrapalha a mudança em qualquer organização.

— Então como as coisas ficaram depois que as pessoas escutaram a história do Queijo? — perguntou Becky.

— A pressão do grupo mudou. Ninguém queria se parecer com Hem! — explicou Michael.

Todos riram.

— Eles queriam farejar as mudanças com antecedência e sair correndo para agir, em vez de ficarem encurralados e serem deixado para trás.

— Faz sentido — disse Nathan. — Ninguém em nossa empresa gostaria de se parecer com Hem. Eles certamente iam mudar. Por que você não nos contou essa história em nosso último encontro? Isso poderia funcionar.

— E funciona — garantiu-lhe Michael. — Funciona melhor, claro, quando todos na organização conhecem a história, seja em uma grande empresa, numa microempresa ou em sua família, pois uma organização só pode mudar quando um número *suficiente* de pessoas muda.

Em seguida, ele compartilhou um último pensamento:

— Quando vimos como funcionou bem para nós, passamos a história para as pessoas com quem queríamos fazer negócio, sabendo que elas também estavam lidando com mudanças. Sugerimos que poderíamos ser o "Novo Queijo" delas, ou seja, parceiros melhores com quem eles poderiam ser bem-sucedidos. Isso levou a novos negócios.

Aquilo deu a Jessica várias ideias e fez com que ela se lembrasse de que tinha de dar alguns telefonemas de vendas bem cedo na manhã seguinte. Ela olhou para o relógio e disse:

— Bem, está na minha hora de sair desta Estação de Queijo e procurar um Novo Queijo.

O grupo riu e começou a se despedir. Todos queriam continuar a conversa, mas precisavam ir embora. Ao começarem a sair, agradeceram a Michael de novo, que falou:

— Estou muito feliz por vocês terem achado a história tão útil e espero que tenham a oportunidade de contá-la para outras pessoas.

Fim

Sobre o autor

Spencer Johnson, M.D., escreveu livros que foram sucesso de vendas no mundo inteiro e que ajudaram milhões de pessoas a descobrir verdades simples que as fizeram ter vidas mais saudáveis e bem-sucedidas, e menos estressantes.

Ele foi o criador e coautor de *O gerente-minuto*®, best-seller nº 1 do *New York Times,* escrito com o lendário consultor de gerenciamento Kenneth Blanchard, Ph.D. O livro continua a aparecer nas listas dos best-sellers na área de negócios e se tornou o método de gerenciamento mais popular do mundo.

O Dr. Johnson escreveu muitos best-sellers, inclusive cinco outros livros da série *Minuto*®; *Sim ou não*; os populares livros infantis *Value Tales*®; e o eterno presente favorito, *O presente precioso*.

Sua formação inclui um B.A. em psicologia pela University of Southern California, um M.D. pelo Royal College of Surgeons e trabalhos realizados para a Harvard Medical School e The Mayo Clinic.

Seus livros já foram tema de inúmeras reportagens na imprensa, inclusive na CNN, na *USA Today*, na *Larry King Show*, na Associated Press e na United Press International.

Mais de 40 milhões de cópias dos livros de Johnson foram vendidas no mundo e publicadas em inúmeros idiomas.

QUEM MEXEU NO MEU QUEIJO?

*Um modo surpreendente de lidar com a mudança
em seu trabalho e em sua vida*

"Assim que acabei de ler *Quem mexeu no meu Queijo?* encomendei exemplares para toda a minha equipe de treinamento e para alguns de meus familiares e parentes... um livro sobre as verdades simples da vida... fácil de entender... tão aplicável a mudanças no lar quanto a mudanças no trabalho."

*Kathy Cleveland Bull
Diretora de Treinamento & Desenvolvimento
Ohio State University*

"Bravo! Que maravilhosos insights da mudança! Esse livro tornou a minha passagem da medicina para a música muito mais significativa. É uma leitura fascinante!"

*Samuel Wong, M.D., maestro assistente
New York Philharmonic 1990-1994*

"Eu havia acabado de saber que nosso conselho decidira inesperadamente vender a empresa. Sem garantias trabalhistas, fiquei deprimido e entrei em um perigoso jogo de autopiedade. Então li *Quem mexeu no meu Queijo?*. A mensagem do livro me atingiu como um raio! Logo deixei de me revoltar contra minha situação, que considerava injusta, e fiquei cheio de confiança e vontade de encontrar meu Novo Queijo."

Michael Carlson, presidente
Edison Plastics

"Estou dando esse livro a colegas e amigos, porque todos nós precisamos nos adaptar à mudança para sermos bem-sucedidos na economia mutante de hoje, e esse é um livro raro que pode ser lido e compreendido rapidamente por todos. Sua ótima história e seus insights únicos fazem você querer aceitar a mudança como uma aliada — e gostar dela!"

Randy Harris, antigo vice-presidente
Merryl Lynch International

"*Quem mexeu no meu Queijo?* mudou a minha vida. Literalmente salvou minha carreira e me trouxe sucesso em novas áreas com as quais eu apenas sonhara."

Charlie Jones, autor de What Makes Winners Win!
Locutor da NBC

"Desde que li a história do 'Queijo', minha equipe e eu começamos a achar que as muitas mudanças com as quais nos deparamos são como 'se o nosso Queijo tivesse sido tirado do lugar', e isso nos permite mudar rapidamente e considerar as novas oportunidades como aventuras estimulantes. Nós encomendamos cem exemplares para serem usados como um componente importante de nosso Fórum de Desenvolvimento Contínuo."

Topper Long, presidente da Divisão
Textron, Turbine Engine Components

"Assim que acabei de ler *Quem mexeu no meu Queijo?*, encomendei exemplares para nossos diretores para nos ajudar a lidar com as inevitáveis mudanças com que nos deparamos — de fazer parte de equipes que estão mudando a desenvolver novos mercados — e espero que façam o mesmo pelas pessoas com quem eles trabalham."

Joan Banks, Especialista em Eficiência de Desempenho
Whirlpool Corporation

Quem mexeu no meu Queijo?

vem sendo utilizado por homens e mulheres em várias corporações, agências governamentais, forças armadas, pequenas empresas, hospitais, igrejas e escolas, incluindo:

AAA • Abbott Labs • Amway • Anheuser Busch • Apple Computers • AT&T • Avis • Bauer • Bausch & Lomb • Bell South • B F Goodrich • Bristol Myers Squibb • Blue Cross • Budget • Cigna • Chase Manhattan • Citibank • 3Com • Compaq • Dell Computers • Exxon • Federal Health Care Financing Agency • First Union • Franklin Mint • General Motors • Georgia Pacific • Glaxo Wellcome • Goodyear • Greyhound • GTE Directories • Hewlett-Packard • Home Savings • Hartford Insurance • Hilton • IBM • International Paper • KPMG • Kodak • Lockheed Martin • Lucent Technologies • Marriott • MCI • Mead Johnson • Mercedes-Benz • Merck • Mobil • Morgan Stanley • Nations Bank • NCAA • Nestlé • Nordstrom • NY Stock Exchange • Oceaneering • Ohio State University • Pacific Century Financial • Pepsi • Pitney Bowes • Procter & Gamble • Pep-Boys • Pillsbury •

Sara Lee • Sea Land • Shell • SmithKline Beecham • Southwest Airlines • Texaco • Textron • Time Warner • UCStandford Health Care • United States Army, Navy & Airforce • Whirlpool • Xerox • 911 Operators

Este livro foi composto na tipografia Bembo
Std, em corpo 13/16,5, e impresso em
papel off-white no Sistema Cameron da
Divisão Gráfica da Distribuidora Record.